ück, dann du

CW01655789

Erst ich ein Stück, dann du

Tim und der Piratenschatz

Ingrid Uebe

Mit Illustrationen von Ute Simon

cbj

cbj ist der Kinder- und Jugendbuchverlag
in der Verlagsgruppe Random House

MIX
Papier aus verantwortungsvollen Quellen
FSC® C084279
FSC
www.fsc.org

Verlagsgruppe Random House FSC® N001967
Das für dieses Buch verwendete FSC®-zertifizierte Papier
Profibulk von Sappi liefert Igepa.

Gesetzt nach den Regeln der Rechtschreibreform

2. Auflage
© 2014 cbj, München
Alle Rechte vorbehalten
Nach einem Buchkonzept von Patricia Schröder
Erstmals 2011 unter dem Titel „Piraten" erschienen (ISBN 978-3-570-15296-6)
Umschlagbild und Innenillustrationen: Ute Simon
Illustration Serienlogo: Ute Krause
Umschlaggestaltung: Anette Beckmann, Berlin
jk · Herstellung: hag
Reproduktion: ReproLine Mediateam, München
Druck: Print Consult, München
ISBN: 978-3-570-15887-6
Printed in Slovakia

www.cbj-verlag.de

Inhalt

Eine erstaunliche Entdeckung

Kurz nach seinem achten Geburtstag fand Tim Olsen heraus, dass sein Vater Knut Olsen Pirat war, von seinen Leuten „Käpt'n Krausbart" genannt wurde und mit ihnen bereits die nächste Kaperfahrt plante. Der Junge entdeckte dieses Geheimnis durch einen Zufall. Und das kam so:

Als Tims kleine Katze Minka von einem Ausflug einmal nicht heimkehrte, suchte er sie überall – auch unten im Keller seines Elternhauses.

Plötzlich horchte Tim auf. Aus einem der Kellerräume kamen Stimmen – fremd und heiser. Tim schlich bis vor die Brettertür. Dahinter hatten sich anscheinend mehrere Männer versammelt. Vorsichtig drückte der Junge sein Ohr an das Holz und lauschte.

„Der Plan ist perfekt!", stellte einer fest. „Zuerst die

Kaperfahrt und dann die Schatzsuche auf der Haifisch-Insel! Das verspricht doppelte Beute."
„Unter der Palme liegt eine große Kiste", erklärte ein anderer. „Sie enthält jede Menge Goldmünzen, einen Haufen Schmuck und viele kostbare Gefäße."
„Nicht sch-sch-schlecht!", meinte stotternd der Dritte. „Ich wollte, wir hätten sie sch-sch-schon ausgegraben!"
„Und auf die ‚Wilde Hilde' gebracht!", ergänzte eine Bass-Stimme.
„An Bord wird dann auf der Stelle geteilt.Versprichst du uns das, Käpt'n Krausbart?"
Die Antwort kam schnell: „Mein Wort drauf!"

Tim stockte der Atem.
Diese Stimme kannte er!
Es war die seines Vaters.
Nicht zu fassen! Saß sein Vater
mit echten Piraten zusammen?
Und nannten sie ihn „Käpt'n Krausbart"?

Das war eine Überraschung für Tim. Bis jetzt hatte er seinen Vater für einen normalen Seemann gehalten. Und nun stellte es sich heraus, dass der von allen Leuten geachtete Knut Olsen als Käpt'n Krausbart ein Piratenschiff führte. Tim wusste nicht so recht, ob er entsetzt oder entzückt sein sollte. Nur so viel war klar: Er musste die Sache für sich behalten! Auch sein Vater durfte nicht wissen, was er in Erfahrung gebracht hatte. Tim schlich hinauf in sein Zimmer. Auf seinem Bett fand er die schlafende Minka.

„Du Teufelskätzchen", sagte er
schmunzelnd, „ich muss dir wohl
danken. Ohne dich hätte ich
Papas Geheimnis nie entdeckt."

Die kleine Katze erwachte und blinzelte ihm zu. Als er ins Bett schlüpfte, schmiegte sie sich schnurrend in seinen Arm.
Obwohl Tim sehr müde war, konnte er lange nicht einschlafen. In seinem Kopf kreisten viele Gedanken. Sie kreisten um seinen Vater und um die Männer, deren Stimmen er gehört, deren Gesichter er jedoch nicht gesehen hatte. Um die „Wilde Hilde", die Haifisch-Insel, die Kaperfahrt und die Schatzsuche.

Erst gegen Mitternacht kam Tim zur Ruhe. Halb schon im Schlaf flüsterte er Minka ins Ohr: „Wir zwei segeln mit in die Karibik!"

Tim erzählte niemandem, was er gehört hatte – auch nicht seiner alten Kinderfrau Meta, die ihn seit dem Tod seiner Mutter betreute. Sie machte sich ohnehin viel zu viele Sorgen um ihn.
Er selbst wurde den Gedanken an die Piraten nicht los. Von früh bis spät hielt er die Augen offen und die Ohren gespitzt. Tagsüber begleitete er seinen

Vater, sooft es sich einrichten ließ. Und nachts schlich er sich immer wieder in den Keller. Leider vergeblich!

So vergingen drei Wochen.
Dann sagte Knut Olsen
eines Tages beim Abendbrot:
„Morgen gehe ich wieder
auf große Fahrt.
Unser Schiff liegt bereit."

Tim schlug das Herz bis zum Hals.
„Wen nimmst du mit?", erkundigte er sich.
„Dieselben Leute wie immer", sagte der Vater. „Ich muss mich schließlich auf meine Mannschaft verlassen können."
Tim nickte und dachte: Ja, das musst du wohl, Käpt'n Krausbart!
Laut fragte er: „Darf ich morgen früh mit zum Hafen? Ich möchte dir unbedingt nachwinken."
Nach kurzem Zögern stimmte der Vater zu. „In Ordnung. Du bist alt genug, um danach allein nach Hause zu gehen."

Es war Tim jedoch klar, dass er sich nicht heimlich und ohne eine Nachricht zu hinterlassen, aus dem Staub machen konnte. Sobald er allein war, schrieb er seiner Kinderfrau deshalb einen Brief:

Liebe Meta,
ich habe mich entschlossen,
Papa zu begleiten.
Mach dir keine Sorgen!
Ich komme heil zurück.
Viele Grüße – dein Tim

In der Morgendämmerung schob er den Brief unter der Tür durch in Metas Zimmer. Dann nahm er den Rucksack, den er bereits am Abend vorher gepackt hatte, versteckte Kätzchen Minka unter seiner Jacke und verließ mit seinem Vater das Haus.

Blinder Passagier unterwegs

Im Hafen war bereits eine Menge los. Tim staunte über die vielen Seeleute, die schwere Lasten schleppten oder sich an ihren Booten zu schaffen machten. Er bewunderte Masten und Segel, ließ seinen Blick am Kai entlangwandern und hielt Ausschau nach der „Wilden Hilde“. Zu seiner Enttäuschung fand er jedoch kein Schiff mit diesem Namen. Das Boot, vor dem Knut Olsen stehen blieb, hieß „Gute Ute“ und war dem Jungen seit Langem bekannt. Sein Vater hatte ihn schon oft mit an Bord genommen und ihm auf und unter Deck alles gezeigt.

Die „Gute Ute“ war eine Bark:
ein kleines, wendiges Schiff
mit drei Masten.
In ihrem Bauch befanden sich
die Kapitänskajüte,
der Mannschaftsraum, die Kombüse
und ein großer Laderaum.

Wegen ihres geringen Tiefgangs eignete sich die „Gute Ute“ für alle möglichen Zwecke. Gewiss hätte sie auch das Herz eines Piraten erfreut. Aber Tim war sicher, dass sein Vater im Keller nicht von der „Guten Ute“, sondern von der „Wilden Hilde“ gesprochen hatte.
„Papa“, fragte er schüchtern, „ist dies das richtige Schiff?“
Knut Olsen sah ihn durchdringend an. „Natürlich, Junge! Ich habe nie ein anderes gehabt.“
Tim schluckte. Er fand, dass seinem Vater diese Behauptung erstaunlich leicht über die Lippen ging.
„Für uns wird es nun Zeit, Abschied zu nehmen“, sagte Knut Olsen. „Meine Leute warten schon auf mich.“

An der Reling der „Guten Ute“
stand jetzt eine lange Reihe
wild aussehender Männer.
Tim kannte nicht einen.

„Am besten machst du dich nun auf den Heimweg“, sagte Knut Olsen. „Bevor wir lossegeln, werden meine Freunde und ich noch eine Hafenkneipe ansteuern und mit einem Glas Rum auf eine glückliche Reise anstoßen.“

„In Ordnung, Papa“, sagte Tim. „In die Hafenkneipe darf ich ja sicher nicht mit.“
Knut Olsen lachte und drückte seinen Sohn fest an die Brust. Danach stieß er einen gellenden Pfiff aus und gab seinen Leuten mit einer Kopfbewegung zu verstehen, dass sie an Land kommen sollten. Wenig später standen sie johlend und lachend um ihn herum. Ein Kerl mit rotem Kopftuch und schwarzer Augenklappe stieß beide Fäuste in die Luft und rief: „Es ist zwar früh am T-T-Tag, aber ein Sch-Sch-Schnaps würde uns trotzdem gut sch-sch-schmecken!“
Ohne Zweifel war das der stotternde Pirat aus dem Keller! Tim grinste.
Sobald der letzte Seemann in der Hafenkneipe verschwunden war, eilte Tim leichtfüßig über die Gangway der „Guten Ute“. An Deck fand er sofort das ideale Versteck!

Endlich an Bord

Am Heck lagen Rettungsboote, die mit einer grauen Plane sorgfältig zugedeckt waren. Tim wusste, dass sie immer erst hervorgeholt wurden, wenn man sie wirklich brauchte – bei Seenot oder auch bei Niedrigwasser. Bis dahin beachtete sie kein Mensch.
Unter der Plane, die die Boote zudeckte, war also ein wunderbares Versteck für zwei blinde Passagiere wie Tim Olsen und seine kleine Katze Minka. Natürlich mussten die beiden es aufsuchen, ehe die die Mannschaft zurückkam. Aber noch konnten sie sich frei bewegen und sich alles in Ruhe ansehen.

Tim setzte Minka behutsam
auf die Schiffsplanken und
strich ihr über den Rücken.
„Du warst sehr brav", sagte er.
„Dafür darfst du dir das Schiff
jetzt in Ruhe angucken."

Minka reckte und streckte sich. Anschließend schärfte sie ihre Krallen am Mastbaum, sprang auf die Bank unter der Reling und blickte staunend in die prallen Segel. Sie zeigte jedoch keine Angst vor der fremden Umgebung, sondern begleitete Tim bereitwillig auf seinem Rundgang.

In der Vorratskammer neben der Kombüse gefiel es ihr besonders gut. Die Lebensmittel interessierten sie ebenso wie die Mäuse, die dort hausten. Im Mannschaftsraum strich sie schnurrend an den Wänden entlang, bestaunte den unter die Decke gezogenen

Esstisch und sprang sogar in eine Hängematte. Tim öffnete vorsichtig die Tür zur Kapitänskajüte, machte sie aber gleich wieder zu. Ein großer Papagei kreischte ihm entgegen: „Achtung, Achtung! Mein Entermesser ist scharf!"

Über eine steile Treppe gelangten sie in den Laderaum. Hier gab es viel Platz – und sonst nichts! Sicher würde sich der erst auf der Kaperfahrt füllen.

Minka fand den leeren Schiffsbauch offenbar langweilig. Jedenfalls flitzte sie schnell wieder an Deck zurück.

Tim beeilte sich, ihr zu folgen. Zum Glück!

Denn als er seinen Kopf ins Tageslicht hob, hörte er vom Ufer her Gelächter und Gesang, die schnell näher kamen.

In letzter Sekunde
krochen Tim und Minka
unter die Plane und
in eins der Rettungsboote.
Beide atmeten auf.
Die Reise konnte beginnen!

Leinen los!

Die „Gute Ute“ wurde sofort startklar gemacht. Tim bedauerte sehr, dass er den Männern nicht bei der Arbeit zusehen konnte. Na ja, das Zuhören war besser als nichts. Zwischen Vorder- und Achtersteven vernahm er ein Durcheinander fröhlicher Stimmen. Manchmal glaubte er eine zu erkennen, aber die meisten waren ihm fremd. Als er die vertraute Stimme seines Vaters vernahm, bekam Tim eine Gänsehaut. Jetzt wurde es ernst!

„Leinen los!“, befahl sie. „Jeder an seinen Platz!“

Gleich darauf setzte sich das Schiff in Bewegung. Wasser klatschte sacht gegen die Bordwand.

„Focksegel hissen!“, verlangte die Stimme des Vaters. „Ich wünsche uns eine gute Fahrt.“

„Eine gute Fahrt, Käpt’n Krausbart!“, tönte es im Chor.

Die Flut trug das Schiff sanft aus dem Hafen. Die Segel füllten sich mit Wind.
Die „Gute Ute“ nahm offenbar Kurs aufs offene Meer.

Tim horchte auf. Erneut schallte Käpt'n Krausbarts Stimme über das Deck: „Robbenbucht in Sicht! Ankerplatz frei! Ich übernehme das Steuer!" Was sollte das? Wieso gingen sie schon wieder vor Anker? Sie hatten doch gerade erst abgelegt. Und was wollten sie in der Robbenbucht? Von der hatte Tim noch nie gehört. Mit seinem ganzen Körper fühlte er, wie sich die Fahrt der „Guten Ute" verlangsamte, wie das Schiff in einer Art Rinne geradeaus glitt und mit einem kaum spürbaren Ruck anhielt.
„Alle Mann an Land!", befahl Käpt'n Krausbart. „Und dann sofort an die Arbeit!"
Aufs Neue schwappte Stimmenlärm wellenartig über das Deck, wurde leiser und verlor sich in der Ferne.

Tim spähte unter der Plane hervor.
Kein Mensch war mehr an Bord!
Schnell kletterte er ins Freie
und lugte über die Reling.
Die Piraten waren eifrig dabei,
aus der „Guten Ute"
eine „Wilde Hilde" zu machen!

Dazu brauchten sie nur ein paar Schraubenzieher. Mit denen lösten sie rechts und links zwei Holzschilder vom Bug des Schiffes. Auf diesen Schildern stand „Gute Ute". Sobald sie herunter waren, kam der Name „Wilde Hilde" zum Vorschein – mit großen Buchstaben auf die Bordwand gemalt. Die Piraten jubelten.
„Jetzt f-f-fehlt noch die F-F-Flagge!", rief der Stotterer, der gerade als Letzter von der Leiter stieg. „Dann k-k-kann unsere K-K-Kaperfahrt endlich beginnen."
„Alle Mann an Bord!", befahl Käpt'n Krausbart. „Der Erste, der oben im Krähennest ist, wechselt die Flagge aus!"
Tim verschwand eilig unter der Plane. Minka hatte sich nicht von der Stelle gerührt und sah ihm mit großen Augen entgegen.
„Alles in Ordnung!", sagte er leise. „Wir sind auf der ‚Wilden Hilde' und segeln unter der richtigen Flagge."

Tim kannte die Piratenflagge
bisher nur aus Büchern.
Nun wehte sie über dem Schiff:
ein schwarzes Stück Stoff
mit einem weißen Totenkopf
über gekreuzten Knochen.

„Wie gefällt sie dir, Minka?“, flüsterte Tim der Katze ins Ohr. „Ich finde sie schauerlich schön. Alle, die uns begegnen, wissen sofort, mit wem sie es zu tun haben.“
„Miau-au-au!“, maunzte Minka kläglich.
Das betraf allerdings nicht die Fahne. Sie wollte darauf aufmerksam machen, dass ihre letzte Mahlzeit lange zurücklag. Tim verstand und packte das Käsebrot aus, das er als Proviant dabeihatte. Minka bekam den Käse, er selbst aß das Brot. Leider wurde die Katze von ihrer Portion keineswegs satt.
„Miau-au-au!“, maunzte sie wieder.
„Du musst Geduld haben, bis die Nacht kommt“, sagte Tim. „Wenn die anderen schlafen, werde ich uns in der Kombüse etwas zu essen besorgen.“

Erwischt!

Wind und Wellen trugen die „Wilde Hilde“ weiter hinaus aufs offene Meer. Die Sonne brannte vom wolkenlosen Himmel und erzeugte unter der Plane eine große Hitze. Tim freute sich jedes Mal, wenn eine Welle das Deck überspülte und ein bisschen Abkühlung brachte. Er hielt Minka fest im Arm und gab sich alle Mühe, sie durch Streicheln ruhig zu halten. Doch um die Mittagsstunde nickte er ein. Da drückte sich die Katze unter der Plane hervor und sprang ins Freie. Im nächsten Moment fuhr Tim erschrocken in die Höhe. Dicht vor seinem Versteck ließen sich aufgeregte Stimmen vernehmen:

„Seht mal – eine Katze!“
„Wo kommt die denn her?“
„Haltet sie fest!“
„Werft sie ins Meer!“

Tim stockte der Atem. Was sollte er machen? Auf alle Fälle musste er Minka retten! Aber wie konnte er das, ohne den Piraten unter die Augen zu treten?

Er zögerte noch, da hörte er die Stimme seines Vaters: „Diese Katze kenne ich! Das ist Minka! Die gehört meinem Sohn. Vermutlich hat er sie an Bord geschmuggelt – genau wie sich selbst.“

Tim atmete tief durch.
Dies war der Augenblick,
sich seinem Vater und
den Piraten zu zeigen.
Da kein Land in Sicht war,
mussten sie ihn an Bord behalten!

Tim hob die Plane und kletterte aus dem Rettungsboot. Jetzt stand er direkt vor Käpt'n Krausbart.
„Hallo, Papa", sagte Tim, „sei mir nicht böse, dass ich nur die halbe Wahrheit gesagt habe! Ich wollte dir nicht winken, sondern mitfahren."
„Die halbe Wahrheit?", grollte Käpt'n Krausbart. „Du hast mich nach Strich und Faden belogen!"
„Du mich doch auch!", antwortete Tim. „Nur durch einen Zufall weiß ich, dass du mit deinen Leuten auf Kaperfahrt und auf Schatzsuche bist."

So hatte Tim noch nie mit seinem Vater gesprochen! Käpt'n Krausbart sah ihn nachdenklich an und sagte: „Na gut, Tim Olsen, dann bist du ab jetzt einer von uns!"

Tim wäre ihm am liebsten um den Hals gefallen. Aber das wagte er nicht – nicht vor den Augen all der wilden Gesellen, die neugierig um sie herumstanden.
„Ich werde euch helfen“, erklärte er eifrig, „sagt mir, was ich tun soll!“
„Du kannst gleich das Deck schrubben!“, rief ein großer Kerl, dem eine dunkle Mähne ins Gesicht fiel. „Ich bin Hannes, der Maat, und werde aus dir einen brauchbaren Schiffsjungen machen.“
Die anderen grinsten und riefen: „Wir sind dabei!“
„Wir haben alle klein angefangen.“
„Wir wissen, was ein tüchtiger Schiffsjunge können muss.“
„In Ordnung, Leute!“, nickte Käpt'n Krausbart. „Tim muss viel lernen, aber ihr werdet sicher gute Lehrmeister sein.“

Hinter ihm maunzte es.
Minka spazierte langsam
über die Reling.
Anscheinend fühlte sie sich
auf dem Piratenschiff schon
wie zu Hause.

Der neue Schiffsjunge

Wenig später schrubbte Tim mit Eifer das Deck. Hannes, der Maat, hatte den Jungen mit allem versorgt, was er dafür brauchte. Auch wenn die Schiffsplanken nicht schmutzig waren, musste Deckschrubben regelmäßig sein, damit das Holz nicht austrocknete und brüchig wurde. Bisher hatten die Matrosen die ungeliebte Arbeit immer abwechselnd erledigt. Jetzt waren sie froh, dass der neue Schiffsjunge sie übernahm.

Tag für Tag war Tim
mit Fleiß bei der Sache.
Er lernte ständig dazu.
Für jedes Fach hatte er
einen anderen Lehrer.

Nick, der Steuermann, zeigte ihm den Umgang mit Kompass und Seekarte. „Nur wenn du damit zurechtkommst, landest du im gewünschten Hafen“, sagte er. „So mancher Schatz wurde nicht gehoben, weil Piraten ohne Kompass und Karte an ihm vorbeisegelten.“

Hein, der Erste Offizier, brachte Tim das Rechnen bei. „Das ist wichtiger als Lesen und Schreiben“, behauptete er. „Nur wer mit Zahlen umgehen kann, steuert sein Schiff auf dem richtigen Kurs dem Ziel entgegen.“
Klaus, der Geschützführer, ließ den Jungen mit dem Ladestock eine Kugel ins Rohr der Kanone stopfen. „Halt dir die Ohren zu, wenn ich die Lunte anzünde!“, riet er. „Sonst zerreißt dir der Knall das Trommelfell.“
Bootsmann Erik kletterte mit Tim auf den höchsten Mast.
„Vertrau deinen Füßen und Händen!“, rief er. „Schau nie nach unten, dann wird dir nicht schwindelig.“
Käpt’n Krausbart führte seinen Sohn in die Waffenkammer. Dort lagerten Pistolen, Messer, Dolche und Enterbeile.
„Diese Waffen sind für den Nahkampf bestimmt“, erklärte er. „Du darfst alle in die Hand nehmen und angucken. Aber zum Ausprobieren bist du zu jung.“

Als Tim ihn enttäuscht anblickte, nahm er ein kleines Messer und sagte: „Das kannst du meinetwegen behalten und damit in der Kombüse Kartoffeln schälen."
Pepe, der Koch, zeigte Tim, dass man aus Fischköpfen, Salzfleisch, sauren Bohnen und Reis einen leckeren Eintopf zubereiten kann.
Die einfachen Matrosen spielten Tim zwar hin und wieder einen kleinen Streich, aber im Allgemeinen behandelten sie ihn freundlich. Schließlich konnten sie ihn nicht nur zum Deckschrubben, sondern auch als Laufburschen einsetzen. Er tat, was sie von ihm verlangten, und beklagte sich nie.
Wenn sich abends alle bei Kerzenlicht im Mannschaftsraum um den Tisch versammelt hatten, musste Tim die Spielkarten oder den Würfelbecher holen, durfte sich dann aber zu ihnen setzen und mitspielen. Wenn er gewann, platzte er beinahe vor Stolz.

Auch Käpt'n Krausbart war
mit seinem Sohn zufrieden.
Er sprach das zwar nicht aus,
aber seine Augen leuchteten,
wenn er Tims Eifer sah.

Wie Vater und Sohn verhielten sich die beiden nur, wenn sie am Abend allein waren – kurz bevor Tim im Mannschaftsraum in seine Hängematte krabbelte und Käpt'n Krausbart sich in seiner Kajüte in die Koje legte. Dann standen sie an der Reling, blickten auf das im Mondlicht schimmernde Meer und redeten miteinander.

„Es gefällt mir gut auf der ‚Wilden Hilde'", erklärte Tim an einem dieser Abende. „Und das Piratenleben finde ich toll."

„Ach, Junge", sagte Käpt'n Krausbart, „du kennst es ja noch nicht richtig."

Tim lachte. „Stimmt, aber immerhin weiß ich, dass wir auf Kaperfahrt sind und eine Schatzinsel ansteuern!"

Sein Vater runzelte die Stirn. „Eigentlich bist du viel zu jung für solche Dinge."

„Wenn es gefährlich wird, passt du bestimmt auf mich auf!“, rief Tim. „Aber erzähl mal, warum du Pirat geworden bist!“
Käpt’n Krausbart lächelte und antwortete: „Ich liebe die Freiheit! Als Pirat bin ich mein eigener Herr. Ich gehorche weder Kaiser noch König und beuge mich keinem Gesetz. Verstehst du das, Junge?“

Tim sah seinen Vater
voller Bewunderung an.
„Ja, Papa!“, versicherte er.
„Und ich will so werden wie du.“

Nach solchen Gesprächen schlüpfte Tim müde und glücklich in seine Hängematte, wo ihn Minka bereits schnurrend erwartete. Inzwischen fühlte sich der Junge auf der „Wilden Hilde“ zu Hause und vermisste nichts. Nur kurz vor dem Einschlafen überlegte er manchmal, wie es wohl wäre, einen gleichaltrigen Freund zu haben. Aber beim Aufwachen hatte er den Gedanken wieder vergessen.

Feindlicher Angriff

Allmählich verlor Tim jedes Zeitgefühl. Er wusste nicht, wie lange sie schon unterwegs waren, und glaubte, dass die Reise ewig so weitergehen würde – ohne Begegnung mit einem anderen Schiff.
Einmal lag er nach getaner Arbeit faul in der Mittagshitze auf dem Achterdeck, als Käpt'n Krausbarts Ruf über das Deck schallte: „Dänisches Handelsschiff backbord voraus!"
Tim sprang auf. Damit hatte er kaum noch gerechnet. Die Matrosen um ihn herum rannten zur Treppe und drängten nach unten. Tim folgte. Er wusste, es ging in die Waffenkammer, und hoffte, jetzt würde er endlich ein Entermesser oder eine Pistole bekommen. Vielleicht sogar beides! Leider drückte ihm Hannes nur eine Rauchbombe in die Hand und sagte:

„Damit kannst du Qualm machen
und dem Feind die Sicht nehmen.
Aber warte auf mein Zeichen!
Fürs Erste guckst du nur zu!"

Tim rannte an Deck zurück und schlüpfte in sein altes Versteck – das Rettungsboot. Unter der Plane beobachtete er mit klopfendem Herzen, wie das fremde Schiff schnell näher kam. Doch was war das? Dort wehte nicht die dänische Flagge, sondern eine schwarze mit weißem Totenkopf über gekreuzten Knochen!
„Sie haben eine neue Fahne gehisst!“, brüllte Käpt’n Krausbart. „Das sind Piraten wie wir!“
Zu Tode erschrocken ließ Tim die Plane sinken. Er hörte, wie die Schiffe aneinanderschrammten. Gleich darauf ertönte wüstes Geschrei, gefolgt von Axthieben, Messerklirren und Pistolenknallen.
„Haltet die Teufelsbrut auf! Werft sie über Bord!“, befahl Käpt’n Krausbart.
Erneut lugte Tim unter der Plane hervor und sah die eigenen Leute im Kampf mit verwegenen Kerlen. Alle waren bis an die Zähne bewaffnet. Laut brüllend schlugen und schossen sie um sich.
Bestimmt war es jetzt Zeit, die Rauchbombe zu werfen! Tim wollte nicht mehr auf Hannes’ Zeichen warten. Er hob die Plane an, schreckte aber sofort zurück. Eine schmale Gestalt, nicht größer als er selbst, schlüpfte zu ihm ins Boot.
„Schschscht!“, zischte es neben ihm. „Wenn du mir nichts tust, tue ich dir auch nichts.“

Tim erkannte eine schwarze Hose, ein schmutziges weißes Hemd und ein rotes Kopftuch. Darunter funkelten in einem bräunlichen Gesicht zwei helle, weit aufgerissene Augen.
„Was willst du?“, flüsterte er. „Warum versteckst du dich?“
„Das könnte ich dich genauso gut fragen“, flüsterte es zurück. „Wahrscheinlich wollen wir beide mit denen Kerlen da draußen nichts zu tun haben.“
„Du meinst, mit denen vom anderen Schiff?“
„Genau.“
„Du gehörst doch dazu!“
„Ja, leider. Aber hoffentlich nicht mehr lange.“
Nun schwiegen sie beide. Sie saßen in dem kleinen Boot dicht nebeneinander. Jeder hörte den schnellen Atem und spürte die Wärme des anderen.

„Wie heißt du?“, fragte
Tim nach einer Weile.
„Lars“, erwiderte der Fremde.
„Übrigens bin ich acht Jahre.“
„Ich auch“, sagte Tim erfreut.
„Mein Name ist Tim.“

„Warum willst du weg von deinen Leuten?“, erkundigte sich Tim.
„Kapitän Raffzahn ist ein richtiger Schweinehund“, erklärte Lars. „Er behandelt die Mannschaft sehr schlecht. Wegen jeder Kleinigkeit lässt er uns auspeitschen oder einsperren. Er gönnt uns keinen Tag Pause, spart an der Verpflegung, und wenn wir Beute machen, behält er alles für sich.
Tim schüttelte den Kopf. „Käpt’n Krausbart ist in Ordnung“, versicherte er. „Alle mögen ihn. Ich besonders. Er ist nämlich mein Vater.“
„Das trifft sich gut“, meinte Lars erfreut. „Kannst du ihn fragen, ob ich auf eurem Schiff anheuern darf?“
Tim nickte. Der fremde kleine Pirat gefiel ihm. Er nahm sich vor, so schnell wie möglich mit dem Käpt’n zu reden. Doch im Augenblick sah es für Krausbart und seine Piraten nicht gut aus!

Piraten gegen Piraten

Tim und Lars beobachteten voller Sorge, wie die feindlichen Mannschaften übereinander herfielen und sich mit Waffen bedrohten, wie sie hier einen über Bord warfen und dort einen in Fesseln legten.

„Nicht aufgeben, Leute!“, brüllte Käpt'n Krausbart laut. „Die ‚Wilde Hilde‘ ist unser Zuhause. Sie darf nicht in fremde Hände fallen!“

Am liebsten wäre Tim seinem Vater zu Hilfe geeilt. Aber er war ein Kind und konnte doch nicht in den Kampf eingreifen. Er schluchzte vor Wut, weil er tatenlos zusehen musste. Lars legte ihm den Arm um die Schulter und fragte:

„Was habt ihr denn geladen?“
„Nichts“, antwortete Tim.
„Unsere Laderäume sind leer.“
Lars nickte zufrieden.
„Das wird euer Glück sein!“

Tim begriff nicht, was Lars damit meinte, stellte aber auch keine Fragen. Voller Verzweiflung sah er, dass immer neue, bestens bewaffnete Gegner an Bord kletterten und die Mannschaft der „Wilden Hilde“ bedrängten. Er beobachtete, wie Klaus sich vergeblich gegen drei Angreifer wehrte, wie Hannes zu Boden ging, wie Nick der Degen aus der Hand geschlagen wurde und wie Hein bäuchlings über die Planken rutschte. Er erkannte, dass die Kräfte seiner Freunde allmählich erlahmten. Käpt'n Krausbart kämpfte mit ausgestrecktem Degen gegen einen riesigen Kerl in feuerroter Uniform, der einen langen Säbel in der Faust hielt.
„Himmel, hilf!“, flüsterte Lars. „Das ist Raffzahn.“
Schneller als gedacht war der Zweikampf zu Ende. Ein paar feindliche Piraten stürzten sich von hinten auf Käpt'n Krausbart und brachten ihn heimtückisch zu Fall.

Kapitän Raffzahn grinste:
„An den Mast mit dem Kerl!
Jetzt gehört das Schiff uns.“

Tim schaute zähneknirschend zu, wie sein Vater gefesselt und an den Großmast gebunden wurde. Es dauerte nicht lange, da lag auch die übrige Besatzung

bewegungsunfähig auf den Schiffsplanken. Die Sieger reckten jubelnd die Fäuste.
„Es ist aus!", flüsterte Tim. „Was machen wir jetzt?"
„Abwarten!", flüsterte Lars zurück. „Sie werden gleich im Laderaum nach Beute suchen."
Tatsächlich rannten die Feinde, einander schiebend und stoßend, zur Treppe. Dabei fielen sie vor Gier fast die Stufen hinunter. Kapitän Raffzahn war der Erste, der verschwand, allerdings auch der Erste, der wieder auftauchte. Er lief zu Käpt'n Krausbart, versetzte dem Hilflosen einen Fußtritt und brüllte:

„Nichts im Laderaum, du Halunke!
Kein Gold und kein Silber!
Keine Seide und keine Gewürze!
Alles wie leer gefegt!"

Wieder wäre Tim seinem Vater gern zu Hilfe geeilt, doch Lars hielt ihn fest.

„Hab Geduld!“, flüsterte er. „Ich kenne Kapitän Raffzahn! Er und seine Leute werden gewiss gleich verschwinden.“

Lars behielt recht. Sobald Raffzahns Piraten begriffen hatten, dass auf der „Wilden Hilde“ nichts zu holen war, zogen sie sich schimpfend zurück und segelten davon. Tim und Lars krochen unter der Plane hervor und machten sich daran, die Gefesselten zu befreien. Es lagen überall Messer herum, mit denen sie die Stricke durchschneiden konnten. Um Käpt'n Krausbart kümmerten sie sich natürlich zuerst. Tim durchtrennte die Handfesseln, Lars die Fußfesseln. Der Kapitän stand sofort wieder aufrecht, rieb sich die wund gescheuerten Gelenke und schickte dem sich entfernenden Schiff einen grässlichen Fluch hinterher. Danach überzeugte er sich, dass Tim ohne Kratzer davongekommen war und dass es in seiner Mannschaft zwar eine Reihe von Verletzten, aber zum Glück keinen Toten gab.

Nun warf Käpt'n Krausbart
einen Blick auf Lars.
„Und wer ist das?", fragte er.
„Das ist Lars", erklärte Tim.
„Er war Schiffsjunge
auf Raffzahns Schiff.
Aber jetzt bleibt er bei uns!"

Krausbart runzelte die Stirn.
„So, so?", knurrte er. „Und was sagt der Kapitän dazu?"
„Der Kapitän ist mein Vater", antwortete Tim grinsend, „und Lars ist mein Freund!"
Ein paar Matrosen klatschten Beifall. Hein, der Erste Offizier, stellte sich hinter die Jungen und sagte: „Ich denke, Tim kann Verstärkung beim Deckschrubben brauchen!"
„Na gut." Käpt'n Krausbart lächelte und schüttelte Lars die Hand. „Du siehst aus wie ein ehrlicher Kerl. Ich vermute, du wirst dem Schurken Raffzahn keine Träne nachweinen."
„Gewiss nicht!", versicherte Lars. „Ich bin glücklich, im Dienst eines anständigen Piraten zu stehen."
Bald darauf versammelten sich alle im Mannschaftsraum um den großen Esstisch und vertilgten mit

Appetit die deftige Mahlzeit, die Pepe in aller Eile zubereitet hatte.

Tim und Lars saßen
gut gelaunt nebeneinander.
Minka hockte zwischen ihnen.
Auch sie hatte den Angriff
der Gegner heil überlebt.

„Ich freue mich schon auf das nächste Abenteuer!", sagte Tim. „Das, was hinter uns liegt … war das eigentlich eine richtige Kaperfahrt oder nicht?"
Lars lachte. „Ja, aber mehr für die anderen! Sie hat ihnen allerdings überhaupt nichts gebracht. Hoffentlich haben wir mehr Erfolg."
„Kommt schon noch!", sagte Käpt'n Krausbart. „Uns wird bald nichts anderes übrigbleiben, als ein fremdes Schiff zu kapern."

Auf Kaperfahrt

Wieder vergingen Wochen. Die Vorratskammer neben der Kombüse hatte sich bedenklich geleert. Tag für Tag servierte Pepe Stockfisch mit Bohnen, dazu steinharten Zwieback, in dem schon die Maden herumkrochen. Tim und Lars aßen alles, ohne zu murren – den Zwieback allerdings erst, nachdem sie die Maden herausgeklopft hatten. Nachts träumten sie von knusprigen Hähnchen und Grießbrei mit süßen Kirschen.

„Wir haben keinen Proviant mehr! Wir müssen dringend an Land gehen und Lebensmittel einkaufen!", verlangte Pepe.

„Dazu brauchen wir Geld", sagte Käpt'n Krausbart. „Geld kriegen wir, wenn wir etwas verkaufen. Aber die Ware dafür müssen wir uns erst noch besorgen."

„Ja, und zwar so bald wie möglich!", bestätigte Pepe. „Selbst der Zwieback geht zu Ende."

Die ganze Mannschaft brach in lauten Jubel aus, als sich in der Dämmerung ein holländischer Frachter näherte, in dessen Laderaum man eine stattliche Beute vermutete. Für hungrige Piraten war es klar, dass sie dieses Schiff kapern und ausrauben würden.

Käpt'n Krausbart brachte sein Boot
geschickt in die richtige Lage.
Seine Leute zogen das fremde Schiff
mit Enterhaken heran und
kletterten ohne Mühe hinüber.

Erst im letzten Moment wurde die Totenkopf-Flagge gehisst. Die Holländer, von denen die meisten schon in tiefem Schlaf gelegen hatten, waren völlig überrumpelt. Sie ergaben sich auf der Stelle. Die Piraten mussten nicht einen einzigen fesseln. Kurze Zeit später verhandelten die beiden Kapitäne friedlich miteinander. Danach stiegen die Piraten in die Laderäume hinab und kamen mit zahlreichen Ballen erstklassiger Seide wieder nach oben. Die holländischen Seeleute standen zähneknirschend Spalier, während die Beute an ihnen vorbei auf die „Wilde Hilde“ geschleppt wurde. Aber keiner erhob die Faust oder gar eine Waffe.

Tim und Lars lehnten
die ganze Zeit an der Reling
und schauten sehnsüchtig zu.
Sie wären nur zu gern mit auf
das andere Schiff geklettert.
Aber Käpt'n Krausbart hatte
ihnen das leider verboten.

Endlich wurden die Enterhaken gelöst und beide Schiffe segelten in verschiedene Richtungen weiter. Die Piraten waren mit ihrer Beute zufrieden. Die Seide würde sich im nächsten Hafen zu einem guten Preis verkaufen lassen. Danach konnten sie ihre Vorratskammer mit Lebensmitteln füllen und den Rest des Geldes gerecht unter sich aufteilen.

„Eigentlich hatte ich mir so einen Überfall anders vorgestellt“, meinte Tim. „Die Holländer haben sich gar nicht gewehrt.“
„Und Kisten voll Gold wären noch besser gewesen als die Seide, die wir erst verkaufen müssen“, fand Lars.
Käpt'n Krausbart schüttelte den Kopf. „Ich bin froh, dass kein Blut geflossen ist“, sagte er. „Wir haben genau das erbeutet, was wir brauchen, um einkaufen zu können. Und die Kisten voller Gold finden wir hoffentlich auf der Haifisch-Insel.“

Dann durfte sich jeder Pirat
ein Stück Seide abschneiden.
Tim wählte die gelbe Seide,
Lars nahm die grüne.
Tim wollte ein Halstuch,
Lars lieber ein Kopftuch.

Der nächste Hafen war bald erreicht. Allen Piraten knurrte der Magen. Aber sie zeigten keine Ungeduld, sondern trugen die Seidenballen einen nach dem anderen an Land. Ein Tuchhändler schien nur auf sie gewartet zu haben und zahlte, ohne zu handeln, sofort den gewünschten Preis. Käpt'n Krausbart

überwachte sämtliche Einkäufe und bestand darauf, dass sie ordentlich verstaut wurden. Erst dann drückte er jedem ein paar Münzen in die Hand und gab ihnen bis zum Einbruch der Dunkelheit Landurlaub. Pepe, der Koch, blieb freiwillig auf dem Schiff, um Wache zu halten. Minka leistete ihm schnurrend Gesellschaft.
„Das restliche Geld wird aufgeteilt, wenn wir alle wieder an Bord sind", sagte Käpt'n Krausbart. „So, wie es Piratenbrauch ist! Jeder kriegt den gleichen Anteil, der Kapitän noch mal die Hälfte dazu, Bootsmann und Zimmermann beide ein Viertel."
Alle nickten zufrieden. Doch jetzt freuten sie sich erst einmal auf ein paar lustige Stunden im Hafen.

Käpt'n Krausbart ging
mit den Jungen in ein Wirtshaus.
Dort bestellte er Brathähnchen
und Grießbrei mit Kirschen.

Unterwegs zur Haifisch-Insel

Die „Wilde Hilde“ nahm Kurs auf die Karibik. Der Steuermann Nick ließ Seekarte und Kompass nicht aus den Augen. Die Mannschaft hoffte, dass die Vorräte bis zur Landung auf der Haifisch-Insel reichen würden, und übte sich Tag für Tag in Geduld. Häufiger als sonst griffen die Matrosen zu Würfelbecher und Spielkarten. Und wenn sie auch dazu keine Lust mehr hatten, sangen sie Piratenlieder und tanzten ausgelassen. An einem wolkenlos strahlenden Sommermorgen hieß es endlich: „L-L-Land in S-S-Sicht!“ Der stotternde Pirat, der mit einem Fernrohr oben im Mastkorb saß, verkündete die ersehnte Nachricht. In heller Aufregung stürzten alle Piraten an Deck.

Tim und Lars standen am Bug
und hielten atemlos Ausschau.
Ja, da war Land zu sehen!
Und es kam immer näher!
Schon erkannte man eine Bucht
mit schneeweißem Sandstrand!

„Die Haifisch-Insel!“, verkündete Nick. „Wir haben unser Ziel endlich erreicht.“
Sofort übernahm Käpt’n Krausbart das Ruder und steuerte sein Schiff dem Ufer entgegen. In einer Bucht ließ er Anker werfen und befahl, die Rettungsboote klarzumachen.
Jetzt gab es kein Halten mehr. Mit begeistertem Gebrüll wurden die Boote zu Wasser gelassen und ans Ufer gelenkt.
Hinter dem hellen Strand war die Insel wunderbar grün und mit Palmen, Bananenstauden und niedrigem Buschwerk üppig bewachsen. Sie schien unbewohnt, denn man sah weder Hütte noch Haus. Tim, Lars und Minka sprangen als Letzte ans Ufer. Sie freuten sich, endlich wieder festen Boden unter den Füßen zu haben. Am liebsten wäre die Mannschaft auf der Stelle losmarschiert.

„Nicht so eilig!“, rief Käpt'n Krausbart. „Wir bleiben alle zusammen. Wer weiß, welche Gefahren auf uns lauern.“

„Wo liegt denn der Schatz?“, fragte Tim.

„Wie sollen wir ihn überhaupt finden?“, erkundigte sich Lars.

Auch die anderen Piraten sahen fragend herüber.

Käpt'n Krausbart hob lachend die Schultern.

„Ihr werdet schon sehen! Machen wir uns schnell auf den Weg!“

Damit übernahm er die Führung.
Der Papagei auf seiner Schulter
schlug mit den Flügeln und rief:
„Achtung! Ich sehe den Schatz!“
Alle lachten über den Vogel.
Dass er den Schatz sah,
glaubte ihm niemand.

„Alter Angeber!“, sagte Käpt’n Krausbart. „Da verlasse ich mich doch lieber auf meine Schatzkarte.“
Er zog ein vergilbtes und ziemlich zerfleddertes Stück Papier aus der Brusttasche und faltete es behutsam auseinander. Nachdem er es selbst eine Weile studiert hatte, steckte er es schnell wieder weg.
„Wir müssen zuerst durch den Wald“, sagte er, „dann eine Anhöhe hinauf und dem Weg nach links folgen. Sobald wir auf der rechten Seite eine besonders große Palme sehen, machen wir Halt und untersuchen den Boden.“

Im Gänsemarsch zogen
die Piraten durch den Wald.
Dort war es schattig und kühl –
und auch etwas unheimlich.
Überall lauerten fremde Tiere.
Eigenartige Stimmen fauchten,
pfiffen und kreischten.

Der Papagei hielt jetzt den Schnabel. Minka ließ sich bereitwillig von Tim auf den Arm nehmen.
Alle atmeten auf, als sie den Wald unversehrt hinter sich hatten. Zwar brannte die Sonne nun unbarmherzig auf sie herab und die vor ihnen liegende Anhöhe war sehr steil, aber die Angaben auf der Schatzkarte stimmten.
Oben angekommen steuerten sie keuchend und schwitzend nach links. Der schmale Weg zog und wand sich und war sehr unübersichtlich. Doch nach einigen Kurven gab er rechts endlich den Blick frei auf eine riesige Palme.
„D-d-das ist sie!", schrie der Stotterer. „Sch-sch-schnell, Freunde! Hier müssen wir g-g-graben!"

Die Schatzsuche

Die Piraten gruben mit so viel Energie, dass die Erdbrocken nach allen Seiten flogen. Als sie plötzlich auf etwas Hartes stießen, boxten sie sich gegenseitig vor Freude in die Rippen. Der Papagei schlug mit den Flügeln und kreischte: „Da ist der Schatz!"
In der Grube befand sich eine Kiste aus dunklem Holz, ungefähr so groß war wie eine Kommode. Was mochte darin sein? Gold, Silber oder kostbarer Schmuck? Käpt'n Krausbart überlegte nicht lange. Er befahl Tim und Lars, in das Loch zu klettern und die Kiste zu öffnen. Die Jungen gehorchten sofort. Mit klopfenden Herzen hoben sie den schweren Deckel. Alle erstarrten: Die Kiste war leer!
Der Papagei sträubte sämtliche Federn und kreischte: „Wo ist der Schatz? Haltet den Dieb!"
Diesmal lachte keiner. Die Piraten waren bitter enttäuscht. Und ihre Enttäuschung verwandelte sich in Wut – in Wut auf Käpt'n Krausbart!

„Du hast uns einen Schatz versprochen!“, riefen sie. „Aber du hast gelogen! Wir haben viele Strapazen auf uns genommen! Was kriegen wir jetzt dafür?“

Meuterei lag in der Luft. Käpt'n Krausbart merkte es wohl. Er versuchte gar nicht erst einzulenken.

„Ich habe eure Vorwürfe gehört und werde eine Lösung finden“, sagte er gelassen. „Wir sollten uns jetzt alle beruhigen und in kleinen Gruppen die Insel erkunden. In drei Stunden treffen wir uns hier wieder.“

Sein Vorschlag wurde mit Beifall aufgenommen. Es gefiel den Piraten, ein paar Stunden ohne Aufsicht über die Insel zu ziehen. Wer konnte wissen, was sie dabei alles finden würden!

Tim und Lars nutzten die allgemeine Aufregung, um sich mit

Minka heimlich in die Büsche zu schlagen. Sie hatten große Lust auf ein Abenteuer!
Bald erblickten sie Bäume und Sträucher, die sie nicht kannten. Ein Affe flitzte auf eine Palme, ein Puma schlich durchs Unterholz, zwei Schlangen sonnten sich auf einem Stein. Aber alles blieb still und friedlich.
Plötzlich standen sie vor einer schiefen Holzhütte ohne Fenster. Es gab nur einen niedrigen, mit einer Art Sack verhängten Eingang.
„Ob da jemand wohnt?“, flüsterte Tim.
„Das werden wir gleich wissen!“, flüsterte Lars zurück und schlich näher.
Tim folgte seinem Freund und rief in die Hütte: „Hallo?“ Dann lauter: „Ist da jemand?“
Als keine Antwort kam, schob er den Sack vorsichtig zur Seite. Auf den ersten Blick ließ sich nicht viel erkennen. Drinnen war es sehr dunkel. Vorsichtig trat Lars über die Schwelle. Tim folgte. Sobald die Jungen den Eingang freigegeben hatten, fiel ein Sonnenstrahl ins Innere der Hütte. Es war, als hätte ein Blitz ein funkelndes Feuerwerk entzündet. Lars schreckte zurück und trat Tim kräftig auf die Füße.
„Gütiger Himmel!“, keuchte er. „Was sagst du dazu?“
Doch Tim hatte es offenbar die Sprache verschlagen.

Er bewegte sich wie verzaubert an Lars vorbei auf das Funkeln zu und kniete davor nieder.
„Wir … haben … den … Schatz … gefunden!“, sagte er stockend.

Lars kniete sich neben Tim.
Vor ihnen lagen drei Haufen
glänzender Goldmünzen.
Rechts und links türmten sich
blitzende Schmuckstücke
und schimmernde Gefäße.

Es dauerte eine Weile, bis sich Tim und Lars gefasst hatten. Dann aber brachen sie gleichzeitig in Jubel aus. Sie ließen die Goldmünzen durch die Finger gleiten, drehten die Schmuckstücke in den Händen und spiegelten sich in den glänzenden Gefäßen. Plötzlich jedoch erlosch aller Glanz. Die Jungen erkannten den Grund erst, als sie sich umdrehten. Im Eingang stand eine große, dunkle Gestalt, die das Sonnenlicht aussperrte. Tim und Lars stöhnten laut auf. Es war Kapitän Raffzahn.

Eine überraschende Begegnung

„Schreck, lass nach!", murmelte Lars. „Mit dem Kerl hätte ich hier wirklich nicht gerechnet."
Kapitän Raffzahn lachte. Es war ein böses, heiseres Lachen.
„Ich freue mich sehr, euch zu sehen! Nach vierzehn Tagen Alleinsein bin ich für jede Gesellschaft dankbar."
Er trat ein. Wieder brachte die Sonne das Gold zum Leuchten.
„Da staunt ihr wohl", sagte er. „Ich habe auch gestaunt über den Schatz in der Kiste. Das Dumme war nur, dass ich kein Schiff hatte, um das Zeug wegzuschaffen."
„Warum nicht?", fragte Lars. „Wo sind denn dein Schiff und deine Piraten geblieben?"
„Die Schweinehunde haben mich ausgesetzt", antwortete der Kapitän. „Und dann sind sie davongesegelt."
Tim und Lars tauschten vielsagende Blicke. Raffzahn war nicht der erste Pirat, der von seinen Leuten auf einer einsamen Insel ausgesetzt wurde. Aber das sprachen sie lieber nicht aus.

„Wie hast du den Schatz gefunden?", fragte Tim. „Hattest du eine Schatzkarte?"
Raffzahn schüttelte den Kopf. „Ich hatte nur eine Schaufel. Die haben die Halunken mir dagelassen. Ich habe aus purer Langeweile gegraben. Hatte ja nichts anderes zu tun."

„Dabei bist du dann
auf die Kiste gestoßen?",
stellte Lars fest.
Kapitän Raffzahn nickte.
„Plötzlich war ich reich.
Aber für den ganzen Reichtum
konnte ich mir nichts kaufen."

Ein breites Grinsen ging über sein Gesicht. „Ich denke, das wird sich bald ändern." Er tippte Lars mit seinem schmutzigen Zeigefinger auf die Brust. „Du gehörst jetzt auch zur Mannschaft von Käpt'n Krausbart. Vermutlich habt ihr in der Haifisch-Bucht geankert. Ihr werdet mich jetzt zu eurem Schiff begleiten und mir helfen, den Schatz an Bord zu bringen."
Was sollten die Jungen tun? Es war sinnlos, um Hilfe

zu rufen. Fliehen konnten sie auch nicht, Kapitän Raffzahn versperrte ihnen den Weg.
„Ich brauche euch!“, sagte er. „Den Schatz habe ich nach und nach in die Hütte geschleppt, weil ich die Kiste allein nicht tragen konnte. Aber jetzt sind wir ja zu dritt. Wir werden die Kiste holen und alles bis auf die letzte Münze hineinpacken.“

Raffzahn zog seine Pistole und
richtete sie auf die Jungen.
„Kommt mir nur ja nicht
auf dumme Gedanken!“

Der Weg, den Raffzahn einschlug, war kürzer als der, auf dem Tim und Lars gekommen waren. Der alte Schurke kannte sich auf der Insel aus. Über Minka, die neben ihnen herlief, sah er einfach hinweg.
Die Hoffnung, unterwegs jemand von ihrer Mannschaft zu treffen, mussten Tim und Lars bald aufgeben. Käpt'n Krausbart und seine Mannschaft erkundeten anscheinend die andere Seite der Insel.
Die leere Kiste war bald aus der Grube geholt und wurde eilig in die Hütte gebracht. Dort befahl Kapitän Raffzahn: „Schnell einpacken! Und dass ihr mir ja nichts in die Hosentasche steckt!"
Es dauerte keine halbe Stunde, bis der komplette Schatz in der Kiste verstaut war. Gleich danach brachen sie auf – Minka immer an ihrer Seite.

Kapitän Raffzahn trieb
die Jungen gnadenlos vorwärts.
Als sie die Bucht erreichten,
waren alle ziemlich erschöpft.
Sie stiegen in eins der Boote
und ruderten mit der Kiste
zur „Wilden Hilde" hinüber.

An Bord reckte Kapitän Raffzahn triumphierend die Fäuste und brüllte: „Geschafft! Jetzt gehen wir drei mit dem Schatz auf große Fahrt!“
„Und was wird aus den anderen?“, fragte Tim. „Wir können sie doch nicht einfach hierlassen!“
Raffzahn hob die Schultern.
„Warum nicht? Sie haben alles, was sie zum Leben brauchen – Trinkwasser, Bananen und Schildkrötenfleisch. Irgendwann wird ein Schiff kommen und sie mitnehmen.“
Tim und Lars sahen sich ratlos an. Minka kauerte auf einem Fass und zuckte mit der Schwanzspitze
„Leinen los und Segel setzen!“, befahl Raffzahn. „Ich übernehme das Steuer.“

Im nächsten Augenblick
schrie er entsetzt auf.
Minka flog wie ein Pfeil
auf seine Schulter
und zog ihm ihre Krallen
quer durchs Gesicht.

Raffzahn schäumte vor Schmerz und Wut. Vergeblich versuchte er, die Katze zu packen. Dann befühlte er mit beiden Händen seine blutende Wunde. Auf die Jungen achtete er nicht. Lars zog Tim am Arm Richtung Kanone.
„Wir müssen das Ding abfeuern!“, keuchte er.
„Warum?“, fragte Tim atemlos.
„Dein Vater ist ganz in der Nähe“, antwortete Lars. „Ich habe ihn hinter den Bäumen am Ufer gesehen. Wenn er die Kanone hört, weiß er, dass hier etwas nicht stimmt.“

Mit gewaltigem Krachen
verließ die Kugel das Rohr.
Sekunden später stürzten
Käpt'n Krausbart und
seine Leute an den Strand,
sprangen in die Boote
und ergriffen die Ruder.

Raffzahn begriff die Situation erst, als alle an Bord waren. Blut lief ihm von der Stirn in die Augen und trübte seinen Blick. Er tastete mit Händen und Füßen nach der Schatzkiste und setzte sich breitbeinig darauf.

„Das ist mein Gold! Mein Schatz!“, stammelte er. „Ich habe alles gefunden, ausgegraben und aufs Schiff gebracht.“
„Aber das ist nicht dein Schiff“, sagte Käpt'n Krausbart. „Und die Schiffsjungen gehören zu meiner Mannschaft.“
Er zog Tim und Lars an sich und forderte sie auf, die ganze Geschichte zu erzählen. Die beiden taten es nur zu gern.
Als sie fertig waren, nickte Käpt'n Krausbart mit

finsterer Miene: „Also, der Kerl wollte mein Schiff stehlen, meine Schiffsjungen entführen, meine Mannschaft und mich auf der Insel zurücklassen. Er hat keine Schonung, sondern Strafe verdient! Minka hingegen sollte für ihre schlaue und mutige Tat eine Belohnung erhalten!“

Die Piraten fanden das auch.
Kapitän Raffzahn wurde
an den Großmast gebunden
und die Schatzkiste kam
in den Laderaum.
Dann legte
die „Wilde Hilde“ ab.

Draußen auf dem offenen Meer wurde der Schatz nach Piratenbrauch geteilt, so wie es Käpt'n Krausbart versprochen hatte. Auch die beiden Schiffsjungen erhielten ihren verdienten Anteil an der schimmernden Beute.
Raffzahn sah zähneknirschend zu. Im nächsten Hafen schaffte man ihn eilig von Bord.
Die Mannschaft der „Wilden Hilde“ gönnte sich einen

kurzen Landausflug und stach dann wieder in See. Tim und Lars standen Seite an Seite am Bug. Sie genossen das Gefühl, ein Abenteuer hinter sich und noch viele andere vors sich zu haben. Auf Tims Arm schnurrte die Schiffskatze Minka.

Hier kannst du ankreuzen, welche Bücher aus der Reihe „Erst ich ein Stück, dann du“ du gerne lesen würdest.

○ Ein Drachenfreund für Linus (12971)
○ Kleines Pony, großes Glück (13182)
○ Leo und das Mutmach-Training (13310)
○ Mirella und das Nixen-Geheimnis (13411)
○ Camillo, ein Hund macht Ferien (13412)
○ Eine Burg für Ritter Rudi (13547)
○ Peggy, die Piratentochter (13644)
○ Rivalen auf dem Fußballplatz (13708)
○ Lisa rettet den Zauberwald (13709)
○ Max und die Monsterfamilie (13710)
○ Benni und das Buchstabenmonster (13794)
○ Minnie, Detektivin auf vier Pfoten (13795)
○ 3 Hexengeschichten (13926)
○ 3 Piratengeschichten (13925)
○ Finna - Wikingermädchen auf großer Fahrt (13797)
○ Jan und die wilde Bande (13796)
○ 3 Drachengeschichten (13928)
○ 3 Schulgeschichten (13927)
○ Sophie im Land der Zauberponys (13921)

- ○ Timmi und der Tigertempel (13922)
- ○ Anton und das Geheimnis im Finsterwald (13924)
- ○ 3 Prinzessinnengeschichten (15313)
- ○ 3 Spukgeschichten (15342)
- ○ Luisa und der große Weihnachtswunsch (13923)
- ○ Milo und die Meerhexe (15338)
- ○ 3 Fußballgeschichten (15344)
- ○ 3 Ponygeschichten (15343)
- ○ Sarah und die Wunschfee (15339)
- ○ Klassiker für Kinder – Das Dschungelbuch (15345)
- ○ Klassiker für Kinder – Heidi (15444)
- ○ Klassiker für Kinder – Pinocchio (15346)
- ○ 3 Rittergeschichten (15480)
- ○ Linus und der Drachen-Wettkampf (15341)
- ○ 3 Elfengeschichten (15481)
- ○ Luzia und der Ball der Vampire (15340)
- ○ 3 Monstergeschichten (15650)
- ○ Klassiker für Kinder – Alice im Wunderland (15347)
- ○ Leni & Lotti - Ferien auf dem Ponyhof (15815)

Erst ich ein S